Günter Alexander E. A. Saalfelg

Küche und Keller in Alt-Rom

Günter Alexander E. A. Saalfelg

Küche und Keller in Alt-Rom

ISBN/EAN: 9783743302808

Hergestellt in Europa, USA, Kanada, Australien, Japan

Cover: Foto ©ninafisch / pixelio.de

Manufactured and distributed by brebook publishing software
(www.brebook.com)

Günter Alexander E. A. Saalfelg

Küche und Keller in Alt-Rom

Küche und Keller

in

Alt-Rom.

Von

Dr. **Günther Alexander E. A. Saalfeld,**
Oberlehrer am Staatsgymnasium zu Holzminden.

Berlin SW. 1883.
Verlag von Carl Habel.
(C. F. Lüderitz'sche Verlagsbuchhandlung.)
33. Wilhelm-Straße 33.

Speisekarte

für eine Festmahlzeit von 16 Personen, in deren Gesellschaft Publius Cornelius Lentulus Spinther um die Mitte des letzten Jahrhunderts vor Chr. den Antritt seines Priesteramtes feierte.¹)

Erster Gang:

Seeigel und frische Austern, in beliebiger Menge zu verzehren.
Pelorische Gienmuscheln.
Lazarusklappen.
Weindrosseln auf Spargel.
Eine fette Henne.
Eine Schüssel mit zugerichteten Austern und Gienmuscheln untereinander.
Schwarze und weiße Meertulpen.

Zweiter Gang:

Lazarusklappen.
Süße Gienmuscheln, Meernesseln, Feigenschnepfen.
Kotelette von Reh- und Schweinswildbret.
Hühnerpasteten.
Feigenschnepfen, Stachel- und Purpurschnecken.

Eigentliches Mahl:

Schweinseuter.
Wilder Schweinskopf.
Fischragout.
Schweinseuterragout.
Gebratene Entenbrüste.
Wilde Enten frikassirt.
Hasenbraten.
Gebratene Hühner.
Crême aus Kraftmehl.
Picentische Brötchen.

Weinkarte:

I. Einheimische (italische und sicilische) Weine:

Vejentischer Rothwein.

Trifoliner Berg.

Sabiner, Nomentaner und Tarentiner Tischwein.

Mamertiner- und Albanerwein.

Massiker- und Albanerausbruch.

Falerner Faustianerwein.

Cätuber Edelsorte.

II. Spanische Weine:

Laletaner Blümchen.

Tarrakonischer Rothwein.

Balearische Auslese.

III. Ueberseeische (griechische) Weine:

Thasier- und Chierwein.

Lesbier- und Koërausbruch.

Alter Kyprier.

Sikyonischer Rothwein.

Dessertwein von Klazomenai.

Außerdem: Myrrhenwürzwein, Rosenwein und Weinmet.

Bist du, freundlicher Leser, von der Menge der oben genannten Genüsse befriedigt? — Ich hoffe es und lade dich deshalb ein, mir heute auf einem kurzem Gange zu folgen, den wir durch Alt-Roms Küche und Keller gemeinschaftlich antreten wollen. Doch sei unbesorgt, du sollst nicht allzu müde werden; nicht das Gesammtgebiet des Essens und Trinkens der alten Römer wollen wir beleuchten. Dazu möchte deine freundliche Geduld und der uns hier zu Gebote stehende Raum schwerlich ausreichen.

Gerade wir Deutschen sind in der Lage, eine höchst interessante Parallele zwischen uns und den alten Römern in kulinarischer Hinsicht zu ziehn. Denn wenn unsere feinere Küche seit geraumer Zeit im Dienst und in der Abhängkeit unserer gallischen Nachbarn steht, so befand sich Rom in dieser und so gar mancher anderen Beziehung in hohem Grade unter dem Einfluß des Volkes, welches man wohl öfter nicht mit Unrecht die Franzosen des Alterthums genannt hat. Es kann an dieser Stelle auch nicht einmal andeutungsweise betont werden, wie Roms Kultur so ganz und gar von der griechischen durchzogen und beeinflußt war: Mythologie und religiöse Anschauungen, Gewerbe und Kunst, Litteratur und Bildung, Handel und Wandel, Haus und Hof, ja zum Theil selbst Wehr und Waffen stand unter dem mächtigen Scepter des griechischen Musters. Die wenigen Gebiete, auf welchen die Römer ganz selbstständig auftraten, darum aber auch Großes und Dauerndes leisteten, hat niemand anschaulicher hervorzuheben gewußt als Theodor Mommsen in seinem römischen Geschichtswerk; hier sei nur des römischen Rechtes gedacht, einer Institution, auf welcher noch heutzutage das unsrige wie das aller europäischen Kulturvölker basirt.

Aber gerade Mommsen auch muß den ungeheuren Einfluß des Griechenthums anerkennen, und er thut dies, indem er folgende interessante Thatsache nachweist: was der Römer dem Griechen entlehnte, dem hat er, von wenigen Ausnahmen abgesehen, seinen eigenen Stempel aufgedrückt, das hat er dann in sein Fleisch und Blut übernommen, im guten wie im bösen Sinne. Waren doch die Griechen selbst oft nur die Kulturträger und Vermittler morgenländischer Erzeugnisse und Erfindungen; kamen solche Produkte nach Rom, so nahm man sie alsbald als unbeschränktes Eigenthum auf, das wohl gar lüstern machte, die Gegenden selbst kennen zu lernen, denen derartige fremde Herrlichkeiten entstammten: ein Gelüste, das zu befriedigen der römische Eroberungsgeist sich bald genug angeschickt hat. So sind die Griechen also nicht ganz so schuldig, als wie sie uns der alte Cato schildern möchte, der in Folge unumschränkten Hereinbrechens der griechischen Seuche den völligen Ruin Roms prophezeien zu müssen glaubte. Und wie gar einfach und genügsam und — zufrieden war der Römer in den ältesten Zeiten der Republik gewesen! Nirgends tritt der Kontrast zwischen der einfachen Genügsamkeit der früheren und dem raffinirtesten, zur unsinnigsten Verschwendung führenden Luxus der späteren Zeit auffallender hervor als bei der Tafel, deren schwelgerische Zurüstung zuletzt nicht bloß darauf bedacht war, durch die leckerste Bereitung der Speisen den Gaumen zu kitzeln, sondern geflissentlich darauf ausging, die seltensten und darum nur zu unmäßigen Preisen zu erlangenden Dinge, ganz abgesehen von ihrer Schmackhaftigkeit, in Schüsseln aufzuhäufen, die eben nur durch die Summen, welche sie kosteten, der Tafel Glanz verliehen.

In der That steht bei den Römern die frühere Einfachheit und Genügsamkeit zu dem späteren Raffinement des Tafelluxus in einem Kontrast, der mit den griechischen Zuständen kaum einen Vergleich zuläßt, und der seine Erklärung nicht nur in den sich in Rom anhäufenden Reichthümern, verbunden mit dem Kennenlernen des asiatischen Luxus, sondern hauptsächlich in einer zu solchen Genüssen überhaupt geneigteren Charakterseite der römischen Natur finden kann. War doch die Lebensweise der älteren Römer höchst einfach gewesen; in einem Brei aus Dinkel hatte die allgemeine Speise bestanden. Wenn wir nun im folgenden eine Schilderung des maßgebenden Einflusses Griechenlands auf Speise und Trank der Römer zu unternehmen versuchen, so theilen wir den Stoff in die beiden sich naturgemäß ergebenden Theile und behandeln zunächst das Gebiet der

Speisen.

Gewöhnlich nimmt man an, das durch Ueberwindung Macedoniens und Griechenlands und durch den Aufenthalt römischer Heere in Asien auch der Tafelluxus von Osten nach Westen gewandert sei. Besonders spricht Livius bei Gelegenheit des im J. 187 v. Chr. von Manlius Vulso über die Gallier gehaltenen Triumphes diese Meinung aus, indem er unter anderem sagt [2]):

„Auch die Gastmähler begann man mit größter Sorgfalt und Verschwendung anzurichten. Von da an stand der Koch, bei den Alten der nach Schätzung und Benutzung niedrigste Sklave, in Werth, und was früher ein Bedientenamt war, galt nunmehr für eine Kunst."

Wem fällt da nicht unwillkürlich die moderne Sitte ein — oder sollen wir Unsitte sagen? — in großen Häusern sich eines französischen Kochs zu bedienen? —

Doch geht Livius an obiger Stelle irre; schon lange vor der Bekanntschaft mit dem Orient profitirten die Römer manches von der ihnen so nahe wohnenden großgriechischen Kochkunst aus den Griechenstädten Unteritaliens. Den Beweis für diese frühe Bekanntschaft bildet eine Anzahl sehr früh mit ihren Begriffen, von den Römern den Griechen entlehnter Wörter, welche sich auf Eß- und Trinkwaaren bezogen, so die Benennung des Oels, des Schmausens, des Leckergerichts, des Teiges und des Kuchens.³)

Um 300 vor Chr. (also im J. 454 der Stadt Rom) drangen viele griechische Sitten in Rom ein; unter anderen auch die griechische Tischsitte. Die Weise, bei Tische nicht wie ehemals auf Bänken zu sitzen, sondern auf Sofas zu liegen; die Verschiebung der Hauptmahlzeit von der Mittagsstunde auf 2 und 3 Uhr Nachmittags; die Trinkmeister bei den Schmäusen, welche meistens durch Würfelung aus der Zahl der Gäste für den Schmaus bestellt werden und nun den Tischgenossen vorschreiben, was, wie und wann getrunken werden soll; die nach der Reihe von den Gästen gesungenen Tischlieder, die freilich in Rom nicht Rundgesänge (Skolien), sondern Ahnengesänge waren — alles dies ist in Rom nicht ursprünglich und doch schon in sehr alter Zeit den Griechen entlehnt, denn zu Catos Zeit waren diese Gebräuche bereits gemein, ja zum Theil schon wieder abgekommen.

An Stelle der alten Einfachheit trat die Gewohnheit, eigene Speiselokale, die s. g. triclinia⁴), einzurichten, welche man, unter sorgfältiger Erwägung der Jahreszeit, im Winter in die inneren Theile des Hauses verlegte, wobei auch mit der Lampenerleuchtung Luxus getrieben werden konnte, während man im Sommer die Mahlzeit in einer Pergula des Hofes oder im oberen Stockwerk einnahm. Diese Lokale waren nicht mehr für die Familie, sondern für Gesellschaft bestimmt; erschienen in dieser, was immer noch gewöhnlich war, die Frau und die

Kinder, so nahmen sie auch an dem Gelage und der Unterhaltung der Männer theil, was Plutarch als einen wesentlichen Grund des sittlichen Verderbs bezeichnet; wie ehedem bei schwelgerischen Gelagen die Buhlerinnen, so sah man nun die Frauen des Hauses unter der Schaar der Gäste gelagert.

Man speiste gewöhnlich an einem quadratischen Tische, welcher von 3 Seiten von Ruhebetten umgeben, an der vierten aber für die Bedienung frei und auf 9 Personen eingerichtet war; der Umstand, daß dieser Tisch ebenso wie das Eßzimmer triclinium heißt, läßt erkennen, daß auch das Zimmer ursprünglich nur für 9 Gäste berechnet, und diese Zahl als normal betrachtet wurde. Allerdings hatte man schon am Ende der Republik Speisesäle, welche 3 oder 4 Triklinien und außerdem genügenden Raum für die Bedienung und die zur Unterhaltung herbeigezogenen Künstler enthielten, und in der Kaiserzeit vergrößerte man diese Räume immer mehr; aber die Tische zu 9 Personen behielt man bei, auch wenn die Gesellschaft größer war; sogar das Volk bewirthete man an Triklinien. Die Speisesofas waren ursprünglich ganz hölzerne Gestelle, nach der Tischseite höher, nach der Außenseite niedriger, sodaß man sie von dieser Seite aus bestieg. Die lacedämonischen Lagerstätten waren von festem Holz, ganz den hölzernen Pritschen unserer Soldaten auf den Wachtstuben vergleichbar; in Pompeji haben sich gemauerte Triklinien gefunden. Aber es ist anzunehmen, daß gewöhnliche Lagerstätten, wie die zum Schlafen bestimmten Betten, Gurte gehabt haben; darüber lagen Polster und auf diesen Decken; zudem auf jedem der 9 Plätze ein Kissen, auf welchem man den linken Arm stützte, wenn man die Füße nach der Außenseite des Lagers gerichtet, am Tische lag. Indes war die gleichmäßige und parallele Lage der 3 Personen des Lectus oder Speisesofas nur so lange erforderlich, als man wirklich aß; bei der Unterhaltung änderte man auch die Stellung und suchte es sich in aller Art bequem zu machen.

In Betreff der 9 Plätze des Trikliniums, deren Vertheilung aus der nachstehenden Zeichnung ersichtlich ist, herrschte eine strenge Etiquette. Man unterschied das mittlere, untere und obere Speisesofa; die auf dem mittleren Sofa Liegenden hatten das obere zur Linken, das untere zur Rechten. Das mittlere und obere Speisesofa war für die Gäste bestimmt und zwar das mittlere für die vornehmsten; das untere für den Wirth, seine Gattin und ein Kind, wenn dieses mit am Tische aß, oder für einen Freigelassenen. Der Ehrenplatz auf den beiden anderen

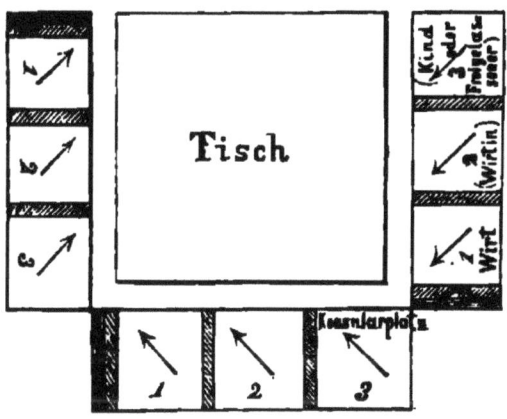

Sofas war der erste, an welchem das Ruhebett eine Lehne hatte und die bequemste Lage gestattete; der für die Hauptperson der Gesellschaft bestimmte Platz aber, der s. g. Konsularplatz, befand sich an der dritten Stelle des mittleren Sofas. Plutarch giebt verschiedene Gründe an, aus welchen gerade dieser Platz für den Konsul bestimmt wurde, unter andern den, daß der Konsul hier theils dem Wirthe zunächst lag, welcher ja den ersten Platz des untersten Speisesofas einnahm, theils die freie Ecke des Trikliniums vor sich hatte welche ihm gestattete, Meldungen anzunehmen und sich eilige Sachen zur Unterschrift vorlegen zu lassen.

9 Personen sind, wie schon bemerkt wurde, die regelmäßige Zahl für das Triklinium. Daß mehr als drei sich auf ein Sofa

zusammendrängten, galt für unanständig. So äußert sich Cicero in seiner Rede gegen den Piso:⁵)

„Bei ihm gab es nichts Feines, nichts Elegantes: — — in Haufen lagen die Griechen, zu fünfen und noch mehr auf den Sofas, während er sein Sofa allein besetzt hielt."

Waren aber nun weniger Gäste als neun da, so nahmen dieselben auch zu zweien oder ganz allein, wie wir dies eben vom Wirthe sahen, ein Sofa ein, wenn sie nicht etwa Begleiter — Schatten genannt — mitbrachten, welche die Plätze neben ihnen erhielten. —

Früher hatte man ohne Ausnahme nur einmal am Tage warm gegessen; jetzt wurden auch bei dem zweiten Frühstück dem Prandium, nicht selten warme Speisen aufgetragen, und für die Hauptmahlzeit reichten die bisherigen zwei Gänge nicht mehr aus. Bisher hatten auch die Frauen im Hause das Brotbacken und die Küche selber beschafft, und nur bei Gastereien hatte man einen Koch von Profession besonders gedungen, der dann Speisen wie Gebäck gleichmäßig besorgte. Jetzt dagegen begann die „wissenschaftliche" Kochkunst. In den guten Häusern ward ein eigener Koch gehalten. Die Arbeitstheilung ward nothwendig, und aus dem Küchenhandwerk zweigte das des Brot- und Kuchenbackens sich ab — um 171 v. Chr. (583 d. St.) entstanden die ersten Bäckerläden in Rom. Gedichte über die Kunst, gut zu essen, mit langen Verzeichnissen der essenswerthesten Seefische und Meerfrüchte fanden ihr Publikum; daß es nicht bei der Theorie blieb, zeigen die zahlreichen ausländischen Delikatessen, denen wir noch begegnen werden. Als der Luxus seine höchste Staffel zu erklimmen begann, als Kleidung und Toilettengegenstände rasende Verschwendung hervorriefen, blieb der eigentliche Glanz- und Brennpunkt des schwelgerischen Lebens naturgemäß die Tafel. Wahrhaft exorbitante Preise — bis 100 000 Sesterzen (22 800 Mark) — bezahlte man für einen Koch; die Landhäuser an der Seeküste versah man mit eigenen Salzwasserteichen, um ja Seefische und Austern jederzeit frisch auf die Tafel liefern zu können. Nannte man es doch nur ein elendes Diner, wenn das Geflügel ganz, und nicht bloß die erlesenen Stücke den Gästen vorgelegt wurden; unerhört war es, diesen zuzumuthen, von den einzelnen Gerichten zu essen und nicht bloß zu kosten. Selbst Männer wie Metellus und Lucius Lucullus waren schon als Feldherren nicht weniger bedacht auf die Erweiterung des römischen Gebiets durch neu unterworfene Könige und Völkerschaften, als auf die der endlosen Wildbret-, Geflügel- und Dessertliste der römischen Gastronomie durch neue afrikanische und kleinasiatische Delikatessen, und so haben diese Männer den besten Theil ihres Lebens in mehr oder minder geistreichem Müßiggang verdorben. In der tuskulanischen und tiburtinischen Feldmark, an den Gestaden von Terracina und Bajä erhoben sich da, wo die alten latinischen und italischen Bauerschaften gesät und geerntet hatten, jetzt in unfruchtbarem Glanz die Landhäuser der römischen Großen, von denen manches mit den dazu gehörigen Gartenanlagen und Wasserleitungen, den Süß- und Salzwasserreservoirs zur Aufbewahrung und Züchtung von Fluß- und Seefischen, den Schnecken- und Siebenschläferzüchtungen, den Wildschonungen zur Hegung von Hasen, Kaninchen, Hirschen, Rehen und Wildschweinen, und den Vogelhäusern, in denen selbst Kraniche und Pfauen gehalten wurden, den Raum einer mäßigen Stadt bedeckte. Und diese ganze kostspielige Einrichtung lief schließlich allein auf das Diniren hinaus. Schon genügten nicht mehr die verschiedenen Tafelzimmer für Winter und Sommer, sondern man speiste auch in der Bildergallerie; ja in der Obstkammer, im Vogelhaus wurde servirt oder auf einer im Wildpark aufgeschlagenen Estrade, um welche dann, wenn der bestellte „Orpheus" im Theaterkostüm erschien und Tusch blies, die dazu abgerichteten Rehe und Wildschweine sich drängten. So ward für Dekoration gesorgt, aber die Realität darüber durchaus nicht vergessen. Nicht bloß der Koch war ein gradnirter Gastronom, sondern oft machte der Herr selbst den Lehrmeister seiner Köche. Längst war der Braten durch Seefische und Austern in den Schatten gestellt; die italischen Flußfische waren völlig von der guten Tafel verbannt, italische Delikatessen und italische Weine galten fast für gemein.

Uebrigens kommt die Verschwendung für üppige Gastmähler, namentlich aber die hohen Preise, die für einzelne Leckerbissen gezahlt wurden, nicht allein auf Rechnung der Schwelgerei, sondern auch auf die der Mode, der Prahlerei, der Sucht sich hervorzuthun und in den Kreisen der Genußkünstler von sich reden zu machen. Dieses Bestreben war es auch, welches mehr als einen Verschwender bewogen hat, jene großen Summen für Exemplare der Seebarbe (mullus) von ungewöhnlichem Gewicht zu zahlen, die so oft als Beweise beispielloser Ueppigkeit angeführt worden sind.

So erkaufte ein P. Octavius mit der Summe von 5000 Sesterzen (1140 Mark) für ein $5\frac{1}{2}$ römische Pfund schweres Exemplar den Ruhm, einen Fisch erstanden zu haben, der nicht nur dem Kaiser Tiberius, sondern auch seinem Rivalen Apicius zu theuer gewesen war, und erlangte damit unter seinesgleichen großes Ansehen.

Freilich ist es trotz aller geschilderten Uebertreibung doch noch sehr die Frage, ob der Tafelluxus, selbst im kaiserlichen Rom, so ausschweifend und unnatürlich er den Alten erschien, hinter dem der größten Städte des jetzigen Europas sehr zurückstand, ja selbst dem des 18. Jahrhunderts auch nur gleichkam. Und wenn wir bedenken, wie sehr die gewaltige Steigerung des Weltverkehrs in unserem Jahrhundert namentlich auch dem Tafelluxus Vorschub geleistet hat und immer mehr zu leisten genöthigt ist, so sind wir kaum noch berechtigt, über die alten Römer uns allzusehr zu verwundern, wie denn der Tafelluxus auch im römischen Alterthum keineswegs nur schädliche ober gleichgiltige Wirkungen ausgeübt hat, sondern dadurch, daß er die Hauptveranlassung zur Einführung fremder Kulturgewächse und eßbarer Thiere in die Länder des Occidents und somit zur Veredelung und Verfeinerung der Nahrungsmittel überhaupt war, ebenso wie in neueren Zeiten ein nicht unwichtiger Faktor zur Verbreitung und Hebung der Gesammtkultur gewesen ist.

Um nun aber den römischen Tafelluxus im richtigen Lichte erscheinen zu lassen, geben wir hier von den Zeiten an, wo bei uns in Deutschland die Schwelgerei bei Tische begann, einige Beispiele.

Als charakteristische Uebersicht einer Zahl von Speisen im 14. Jahrhundert führen wir einen Küchenzettel an, der für ein 2 Tage langes Essen zu Ehren des Bischofs von Zeitz in Weißenfels entworfen worden war und sich erhalten hat. Dieses Mahl kostete 8 Gulden 15 Groschen 9 Pfennig.

Den 1. Tag gab es 3 Gänge, nämlich:

1. Eiersuppe mit Safran, Pfefferkörner und Honig darin. Hirse, Gemüse, Schaffleisch mit Zwiebeln. Ein gebratenes Huhn mit Zwetschen.

2. Stockfisch mit Oel und Rosinen. „Bleyer" (eine Fischgattung), in Oel gebacken. Gesottener Aal mit Pfeffer. Geröstete Bückinge mit Senf.

3. Speisefische, sauer gesotten. Parmen, gebacken. Kleine Vögel in Schmalz mit Rettich. Schweinskeule mit Gurken.

Den 2. Tag trug man wieder in 3 Gängen auf:

1. Gelbes (?) Schweinefleisch, Eierkuchen mit Honig und Weinbeeren. Gebratener Häring.

2. Kleine Fische mit Rosinen. Kalte „Bleyer" gebraten (die am vorigen Tage übrig geblieben). Gebratene Gans mit rothen Rüben.

3. Gesalzenen Hecht mit Petersilie. Salat mit Eiern. Gallert mit Mandeln besetzt.

„Und hiermit", setzt der Verfasser dieses Küchenzettels hinzu, „ist Seine Gnaden gar wohl zufrieden gewesen". —

Vom 16. Jahrhundert an begann man die größeren Tafeln auch schon kunstvoll und mit Geschmack im Arrangement derselben zu bestellen, freilich im Zeitgeschmack; das Auftauchen zahlreicher Mehlspeisen der Gebäcksgattungen und Konditoreierzeugnisse gab Veranlassung, selbst der Phantasie einen gewissen Spielraum bei Herstellung dieser Speisen zu gönnen und Luxus auch in dieser Richtung zu entfalten. Ein lehrreiches Beispiel, wie weit man es in dieser Hinsicht gebracht hatte, liefert ein großes Leichenmahl, das nach dem Tode des Herzogs Albrecht von Bayern im Jahre 1509 veranstaltet wurde, und das, in 23 Essen eingetheilt, durch die Gerichte, welche dabei vorkamen, lebhaft an Petrons Gastmahl des Trimalchio erinnert. Es würde zu weit führen, wollten wir hier mit gleicher Ausführlichkeit dieser 23 Essen gedenken; unsere modernen großen „Menus" geben in vieler Hinsicht auch zu denken und lassen die altrömische Schwelgerei wahrlich nicht mehr so schlimm erscheinen, wie es anfänglich wohl der Fall war. — Schon der Lustspieldichter Plautus geißelt jedoch das Uebermaß der Tafelgenüsse und das sich daran lehnende Parasitengeschlecht der Schmarotzer. Auf dem mit Buden und Hallen besetzten Marktplatz Roms, in der Nähe des esquilinischen Thores und der Gärten des Mäcenas, fand der Verkauf für Fleisch, Fische und Gemüse statt. Dort gab es denn auch Köche in Menge, welche ihre Dienste anboten, ehe die Hausklaven das bedeutende Kontingent von Köchen und Küchenjungen selbst für die Bereitung der gewöhnlichen Mahlzeiten lieferten.

Erwähnenswerth ist, daß in dem zu Eingang unserer Skizze angeführten Speisezettel von einem eigentlichen Nachtisch keine Rede ist; die Fülle des dort Gebotenen läßt denselben auch freilich nicht vermissen. Von der ungeheuren Mannigfaltigkeit der Produkte des Thierreiches behufs Bereicherung der Tafelfreuden war flüchtig schon oben gesprochen. Die maritime Lage Latiums sowie die zahlreichen Handelsverbindungen brachten eine Unmenge der verschiedenartigsten Wasserthiere nach Rom. Sie waren ein Hauptgegenstand der römischen Feinschmeckerei, wenn auch mehrere gewöhnliche Arten dem Volk als Nahrungsmittel dienten. Der Gourmand Lucullus war der erste, welcher Teiche für Meerfische anlegte und diese Art von Luxusbauten in Anregung brachte, in welcher sich die Kaiserzeit bis zum Uebermaße gefiel.

Allerdings machte man große Unterschiede und schätzte einzelne Fische sehr gering. So galt der gesalzene Thunfisch, das Tintenfischchen, ja auch die kleinere Seebarbe sehr wenig; nur die ärmeren Volksklassen, sowie allenfalls der Mittelstand genoß dieselben der Billigkeit halber häufiger. Neben der schwerwiegenden großen Seebarbe, deren Beliebtheit uns bereits oben beschäftigt hat, erfreute sich aber noch besonders die Muräne, eine Art Meeraal, ähnlicher Preise und Werthschätzung; hat doch, als der Prätor P. Licinius die ersten Fischteiche für dieselben anlegte, die licinische Familie ihren Beinamen Muraena daher empfangen. Ein theurer, uns nicht genau bekannter Fisch war auch der Skarus, vielleicht Lippfisch (Papageifisch) oder Meerbrassen, jedenfalls eine der größten Leckereien der Römer. Unter Tiberius gelang es dem Flottenpräfekten Optatus Elipertius diesen kostbaren Fisch aus dem Meere zwischen Kreta und Rhodus an die Westküste Italiens zwischen Ostia und Campanien zu verpflanzen. Vorzüglich wohlschmeckend war sein Eingeweide, während nach dem Uebrigen keine Nachfrage war. Sehr früh rivalisierte eine Störart, nach den einen Scherg, nach den andern Sterlet, der Helops oder Ellops, welcher am besten von Rhodus kam, aber nur in der älteren Zeit für eine Hauptzierde des Mahles galt, während er später an Werth und Ansehen sehr gesunken war.

Einen prachtvollen Anblick müssen die Fischbassins dargeboten haben, welche die reichen Römer bei ihren Villen besaßen. Denn um alle diese Fische und die noch zu nennenden Schalthiere stets vorräthig zu haben, und um sie auch nach dem weiteren Transport für die Tafel gehörig mästen zu können, legten die Römer die genannten Bassins an, welche je nach der Beschaffenheit des Wassers, in welchem diese Thiere ursprünglich lebten, entweder mit süßem oder Seewasser gefüllt waren und, um den Zufluß und Abzug des Wassers herbeizuführen, mit Kanälen in Verbindung standen, deren Mündungen durch eiserne Gitter verschlossen waren. Wir dürfen uns diese Anlagen aber nicht ausschließlich aus Sucht zur Schlemmerei entstanden denken; auch Gewinnsucht mag oft mit im Spiele gewesen sein. Hat es doch auch der ehrenwerthe Varro nicht verschmäht, zur künstlichen Zucht von Wild, Geflügel, Fischen und Schalthieren die ausführlichsten Anweisungen zu geben, auch gerade von solchen, die aus der Fremde eingeführt waren, als afrikanischen Perlhühnern, gallischen und spanischen Hasen und Kaninchen, illyrischen und afrikanischen Schnecken, u. dgl. m.

Die künstliche Austernzucht war schon früher, ehe noch Sergius Orata künstliche Austerbassins im Lukrinersee anlegte, freilich ohne Erfolg — wie auch noch in der Jetztzeit — versucht worden. Nach Aristoteles' Entstehungsgeschichte der Thiere hatten einige Chier aus Pyrrha in Lesbos lebendige Austern mitgenommen und an einigen ganz ähnlichen Stellen ihres Meeres versenkt; nach längerer Zeit hatten diese zwar an Größe bedeutend zugenommen, aber ihre Zahl hatte sich nicht vermehrt. Bei den Römern rühmt schon Ennius die Austern von Abydos, aber auch Plautus kennt sie bereits; kurz vor dem marsischen Kriege, also dicht vor d. J. 90 v. Chr., legte der schon genannte C. Sergius Orata den ersten Austernpark im Lukrinersee und mit mehr Glück als die Chier an; da jetzt der Damm verschwunden ist, bildet der See mit dem Golf von Pozzuoli ein Ganzes. Eine ähnliche Anlage befand sich im Averner See — noch jetzt Lago d'Averno —, daneben kannte man aber eine Menge fremder Sorten, denn mit steigendem Luxus begnügte man sich nicht damit, die Austern aus Brundusium (heute Brindisi), Tarent und Kleinasien zu holen, sondern man plünderte Britannien und später auch Gallien, wo bei Bordeaux ebenfalls künstliche Anlagen waren. Die Dichter Horaz, Juvenal u. a. preisen den Wohlgeschmack der Auster, und Plinius nennt sie die Krone des Fisches der Reichen; auch gab es besonders Austernbrot[6]). Was sonst die Zubereitung derselben belangt, so haben wir in dem eingangs wiedergegebenen Speisezettel genau frische und eine Schüssel mit zugerichteten Austern unterschieden. Letztere waren also ein von Austern bereitetes warmes Gericht, welches auf einer bedeckten Schüssel auf die Tafel gebracht wurde.

Nächst den Austern, welche also die erste Stelle einnahmen, galten die Schnecken für einen gesuchten Leckerbissen und wurden darum ebenfalls in besonderen Teichen gemästet[7]). Sonst seien von eßbaren Schalthieren aus jener Zeit hier noch aufgeführt: die große Gien- oder Riesenmuschel, der Meerigel, die Kammmuschel und die Meereichel, von welcher es zwei Sorten, weiße und schwarze, gab.

Soviel über die eigentlichen Fische und Schalthiere. Kaviar, wie wir ihn essen, kannten die Römer nicht; statt dessen gab es bei ihnen als geschätzte Delikatessen fremdhergebrachte Fischbrühen und -Saucen mit eingelegten und eingemachten Stückchen. Auch hier gab es wieder bevorzugte Lieferungsörter und Bezugsquellen; so kam die gesuchteste Fischbrühe aus Neu-Karthago, dem jetzigen Cartagena in Spanien. Man bereitete sie aus den inneren Theilen der Makrele und zwar in der Weise, daß man dieselben in einen Topf legte und einsalzte, dann entweder in die Sonne stellte oder über dem Feuer kochte, fortwährend rührte und, wenn sie sich aufgelöst hatten, durch einen langen, dichten Korb durchseihte: die abfließende Flüssigkeit war dann die geschätzte Fischbrühe, das Zurückbleibende eine ebenfalls begehrte Lake. Der Gebrauch der Brühe war übrigens sehr mannigfaltig in der Küche sowohl als bei der Tafel; beträufelte man doch sogar die Austern damit [8]. Zum häuslichen Gebrauch machte man Lake von gewöhnlichen Fischen, um es den Sklaven als Zukost zu geben, wie uns schon Cato [9] erzählt, daß dieselben auf dem Lande zur Zubereitung ihrer Speisen Oliven, Lake oder Essig erhalten hätten.

Die Fischbrühen, deren man sich als Würze beim Kochen u. s. w. bediente, wurden aber auch in verschiedenen Mischungen gebraucht: mit Wein, mit Oel, mit Essig oder mit Wasser [10]. Ein höchst eigenthümliches Gericht war endlich noch das aus Käse und eingesalzenen Fischen hergestellte Käse- und Heringsragout (tyrotarichus). Das spanische Tarichos, Fischpökelfleisch, welches das berühmteste war, wurde von Gades (Cadiz), Malaca (Malaga), Neu-Karthago (Cartagena) und anderen Handelsplätzen ausgeführt, nach welchen die Fischer von der ganzen spanischen Küste ihren Fang brachten. Von dort ging das Fabrikat dann nach Puteoli (Pozzuoli), wobei die Konkurrenz des sardinischen Produktes zur Geltung kam. Bereitet wurde das Tarichos entweder von Stören oder den verschiedenen Arten des Thunfisches; man unterschied hierbei auch wieder das minder Werthvolle vom Beliebteren: so galten ganz besonders als Leckerbissen große Rückenstücke vom Stör oder Thunfisch im gesalzenen und getrockneten Zustande, Schwarz-Eichenbretter genannt, weil sie wie ein eichenes Brett aussahen [11].

Alle diese Arten gesalzener Fische gehörten zu den Vorgerichten oder Entrées der Mahlzeit; vor dem Genusse wurden sie tüchtig gewässert, was am besten mit Seewasser und mit Oel geschah, doch auch mit Essig und Senf oder in Thunfischsauce gekocht oder gebraten, in Wein gesotten und mit anderen Zuthaten genossen; auch wurde daraus ein anderes Gericht, das im Speisezettel genannte Fischragout, bereitet.

Vom Geflügel läßt sich weniger sagen, da die Anzahl der griechischen Wörter, aus welchen wir eine Beeinflussung entnehmen können, hier eine verhältnißmäßig geringe ist. Wohl hielten sich die Römer, ähnlich wie Fischbassins für die Fische, auf ihren ländlichen Villen zur Mästung und Zucht von Vögeln Geflügelhäuser; aber nur wenige Namen der in ihnen gehegten Vogelarten sind griechisch und deuten daher auf entsprechenden Import hin. Daß schon in den letzten Jahrhunderten der Republik die in späteren Zeiten vergrößert wiederkehrenden Liebhabereien an kostbaren und seltenen Tauben, gemästeten Kapaunen und Poularden und großen Gänselebern aufgekommen waren, beweist das Fannische Luxusgesetz vom Jahre 161 v. Chr., welches gegen das Mästen des Geflügels eine Bestimmung enthielt. In der Folgezeit beschränkte sich aber diese Zucht nicht auf das zahme, einheimische Federvieh, sondern man suchte Waldvögel und Geflügel aus den fernsten Gegenden zu zähmen und in den Vogelhäusern zu füttern. So unermüdlich die Römer nun auch in diesen Versuchen waren, so gelang es immer noch nicht, den ganzen Apparat der in Mode kommenden Seltenheiten in diesen Vogelparks zu concentriren: das Schneehuhn, die Schnepfe, der Auerhahn und Birkhahn und das als Hauptdelikatesse geltende Haselhuhn blieben Jagdthiere und darum von besonderem Werthe[12]). Wohl aber vermochte man auch hier wieder, durch Lucullus' Vorgang angeregt, zu füttern und zu mästen: die Kapaune, die Feldhühner, die Perlhühner, die Fasanen, welche in Kolchis zu Hause waren, und die Flamingos, deren Zunge für einen Leckerbissen gehalten wurde.

Ist ferner nun auch der römische Name für den Pfau nicht aus dem griechischen Worte gebildet, so bleibt doch die Thatsache bestehen, daß der Pfau, den Hortensius zuerst gebraten auf die Tafel brachte, von der Insel Samos geholt, mithin in Italien erst eingeführt werden mußte, wo allerdings nun bald die Pfauenzucht Gegenstand leidenschaftlicher Industrie wurde. Zu Varros Zeit wurde das oben erwähnte Perlhuhn schon gegessen war aber in Italien noch selten, in Folge dessen also auch theuer; zu Martials Zeit dürfte es auf größeren Geflügelhöfen bereits gewöhnlich gewesen sein. Die Fasanen, welche schon zur Zeit des Ptolemäus Euergetes II. aus Medien, d. h. den südkaspischen Landen nach Alexandria kamen, nennt aber weder Varro noch auch Horaz unter den Leckerbissen der römischen Schwelger; dies geschieht erst seit Anfang der Kaiserzeit, denn im vorletzten Jahrzehnt des 1. Jahrhunderts sind dieselben schon in Italien gezüchtet worden. Ungefähr zu derselben Zeit zählte man auch wohl schon den Flamingo unter die Delikatessen einer vornehmen Tafel; außer der Zunge wurde das Gehirn dieses Vogels aufgetragen.

Mit der Haustaube machte Italien wohl durch Vermittelung des Tempels von Eryx in Sicilien zuerst Bekanntschaft. Auf diesem Berge, einem alten phönizischen und karthagischen Kultussitze, wohnten Scharen weißer und farbiger, schmeichlerischer, girrender Tauben, der dort verehrten großen Göttin geweiht und an deren Festen theilnehmend. In Italien wurde der schöne Vogel erst allmählich näher bekannt und seine Zucht zur allgemeinen Sitte; man paarte sie wohl später mit der einheimischen Felsentaube, welche die höchsten Thürme und Zinnen des Landhauses bewohnte und kam und ging, ihr Futter frei im Lande suchend. Von Italien ging mit der Macht und Kultur des römischen Reiches die Haustaube über ganz Europa aus; dem Christenthume diente ihr Bild früh zum Ausdruck der neuen Religion und der damit verbundenen Seelenstimmung. — Es ist so recht bezeichnend für die Gourmandise der Römer, daß sie sich nicht mit der zahlreichen Brut der zahmen Bevölterung begnügten, obgleich es in einem Schlage oft bis zu 5000 gab; man fing vielmehr die Ringel- und Turteltauben ein oder suchte ihre Nester auf, um eine besondere Delikatesse zu gewinnen. Die zahmen Tauben aber dienten schon im Alterthum als Brieftauben; so unterrichteten die Griechen die Ihrigen von den Erfolgen der olympischen Spiele mittelst dieser gefiederten Boten. Die älteste Erwähnung einer solchen Brieftaube finden wir in einer Ode Anakreons, also schon im 6. Jahrhundert vor Chr.; aus römischer Zeit bietet sich eine interessante Stelle beim Encyklopädisten Plinius, welcher von einer derartigen Briefpost aus dem Jahre 43 vor Chr. bei der Gelegenheit der Belagerung von Mutina zu erzählen weiß [13]).

Die ältere Zeit hatte sich zum größten Theil von vegetabilischer Kost ernährt; schon Plautus aber läßt in scherzhafter Weise seinen Koch im „Lügenmaul", einem der vorzüglichsten Lustspiele dieses Komödiendichters, das „Grasfressen" der Menschen geißeln. Immer mehr gelangten im Laufe der Zeit Fisch und Fleisch an Stelle der vegetabilischen Kost in der späteren römischen Küche zur Geltung; Grund genug, um nun auch ein Wort von den Vierfüßlern zu sprechen.

Früh und verbreitet war der Genuß des Schweinefleisches, denn jeder Landmann zog seine Schweine selbst, die ihm den Braten zum Feste lieferten; Speck und Hüftenstückchen, Schweinsknöchel und Leberknödel waren bereits damals beliebte Gerichte, Schinken und Schmalz nicht zu vergessen. Wunderbar genug haben die Römer erst nach langem Bedenken sich entschließen können, ebenso wie Ziegen-, Lamm-, Hammel- und Schweinefleisch, auch als allgemeines Nahrungsmittel Rindfleisch zu genießen. Zu den beliebtesten Speisen aber und zwar ganz unsern Verhältnissen entsprechend, für alle Klassen der Gesellschaft gehörten Würste. Ihre Zubereitung war der in unserer Zeit ähnlich, nur daß der Geschmack der Römer an einer Menge starker Gewürze Gefallen fand, so daß unserem Gaumen dieses Gericht kaum noch zugesagt haben würde. Ist nun auch der allgemeinste Ausdruck für Wurst (Stopfwerk) echt lateinisch, so besaß jedoch auch schon Rom im gewissen Sinne seine Braunschweiger und Gothaer Produkte, das heißt nach ausländischen Recepten unter fremden Namen hergestellte Fleischwaaren oder auch direkt, so besonders aus Gallien importirt. Man aß Würste, welche ganz unseren Cervelat- oder Mett-, Leber- und eigentlichen Bratwürsten entsprachen, besonders gern warm, auf dem Roste gebraten; in diesem Zustande wurden sie denn auch in kleinen Blechöfen zum Verkaufe herumgetragen. —

Fische und Schalthiere, Geflügel und Fleisch: es fehlen nur noch das Gemüse und die nöthigen Zuthaten.

In weit größerem Umfange als die Einführung von Thieren erfolgte in Italien die Acclimatisation von Fruchtbäumen und eßbaren Gewächsen, die sich dann von dort in andere Länder verbreiteten[14]). Aber auch hier hat das spätere Alterthum nur fortgesetzt, erweitert und vervielfacht, was das frühere angebahnt und begonnen hatte, die Wanderungen der Kulturpflanzen nur auf fernere Gebiete ausgedehnt und so freilich im Laufe der Jahrhunderte den Character der Vegetation von Süd- und Mitteleuropa völlig umgestaltet.

Die frugale Küche der älteren Zeit kannte bei der Zubereitung der Speisen, da Butter in Griechenland sowohl als auch in Italien nur zu medicinischem Gebrauche verwerthet wurde, keine anderen Zuthaten als Oel, Honig, Salz und Essig. Das Oel vertrat und vertritt heute noch im Lande der Olivenbäume die Stelle der Butter und vielfach auch die des Fettes; Fische und Gemüse, Fleisch und Backwerk erfuhren die Behandlung und Zubereitung mit dem vielbegehrten Saft der Olive. Es unterliegt keinem Zweifel, daß die Oelkultur von Griechenland aus auf Italien übertragen wurde; von dort aus hat Name und Begriff Verbreitung in das ganze übrige Europa erfahren. Von sonstigen eigentlichen Zuthaten, welche ebenfalls griechischer Vermittelung ihren Uebergang nach Italien danken, seien hier genannt: Pfeffer, Dill, Anis, Minze, Koriander, Kümmel und Dossen, Petersilie, Majoran, Thymian, Ingwer und Zimmt.

Ferner erfahren wir, daß der Römer seine Kohlrüben in Salz, Senf und Essig einmachte; auch der Spargel hatte seinen Weg aus dem Morgenlande zu ihm gefunden. Mit Essig, Pfeffer und anderen pikanten Zuthaten verzehrte man die Melone; ein beliebtes Kompott gaben die eingemachten Oliven, weiße und schwarze, unter welchen man aber wiederum verschiedene Sorten und Zubereitungsarten unterschied. Raute, Sauerampfer, Kresse oder Pfefferkraut und Malve wurden als Ingredienzien zu verschiedenen Salaten verarbeitet. Besonders berühmt war der Schnittlauch aus Tarent; man pflegte ihn in Oel und Wein gekocht zu verzehren: eine beliebte, wenn auch von einigen Geschmacksästhetikern verurtheilte Speise.

Dann sind die verschiedenartigen Pilze nicht zu vergessen, von den gewöhnlichen Steinpilzen an bis zu den Kaiser=schwämmen und Champignons; ein besonderer Verehrer jener Schwämme war u. a. der Kaiser Claudius, so sehr freilich, daß er sich infolge unmäßigen Genusses derselben den Tod holte[15]).

Von Salaten erwähnen wir den Kopfsalat sowie gelb=grünen Kappadokier und rothen Kypriersalat. Vom Grün= oder Braunkohl, einem sehr beliebten Gemüse, aß man sowohl den größeren Stengel als auch im Frühjahre die jungen Keime. Im übrigen diente der Kohl auch schon im Alterthume sprich=wörtlich zur Bezeichnung des Abgestandenen und wenig Reiz=vollen: „Zweimal Kohl, heißt: Welt, leb' wohl!"[16])

Eine ganz besondere Förderung verdankte aber den Römern der späteren Republik und der ersten Kaiserzeit die Obstkultur nicht nur Italiens, sondern auch der Provinzen. Italien war schon zu Varros Zeit ein Obstgarten; Aepfel, Birnen, Pflaumen,

Quitten, Mispeln, Kastanien, Nüsse und Weintrauben gehörten zur gewöhnlichen Mahlzeit; nun aber begann man die einheimischen Gattungen zu veredeln, die besten italienischen und ausländischen in der Umgegend Roms einheimisch zu machen und Herbstfrüchte im Frühjahr zur Reife zu bringen, ein Ausdruck der Hyperkultur, die unserer Zeit auch hierin durchaus nicht fremd ist. Von einheimischen Produkten abgesehen, aß man in Rom Birnen aus Tarent, Griechenland, Numidien und Alexandrien, Aepfel aus Afrika und Syrien. Jede neue Eroberung von Provinzen wurde auch eine Bereicherung des römischen Gartens; die Wallnuß, die persische, pontische oder königliche Nuß = unserer Haselnuß, die Lambertsnuß, die zu Catos Zeit wohl noch nicht in Italien einheimisch gewesene Mandel, die Pfirsich, die Aprikose, der Granatapfel, der griechische Feigenbaum, die von Lukull aus dem mithridatischen Kriege von Kerasus im Pontus mitgebrachte Kirsche, die zu Tiberius' Zeit nach Rom gekommene Pistaziennuß, endlich der Citronenbaum, der in Griechenland seit Alexander dem Großen bekannt geworden war, sind nach und nach in Italien eingeführt und zur Verfeinerung der Tafelfreuden verwerthet worden. Außerdem kam nach Rom getrocknetes und eingemachtes oder sonst besonders zu Speisen zubereitetes Obst aus allen Gegenden, wie die damascenischen Pflaumen, die karischen Feigen, im gepreßten und getrockneten Zustande, die Datteln, welche man als Gastgeschenke verschenkte und in kaiserlichen Spenden an das Volk vertheilte, die trockenen und eingelegten Weintrauben und die Quittenpasteten aus Spanien[17]).

Ein nicht unwichtiger Artikel bei den Mahlzeiten war der Honig, dessen Name selbst zwar nicht auf Griechenland weist — Italer und Griechen kannten vor ihrer Trennung bereits den Honig, — dessen Import aber auf griechischem Handel beruht. Der beste Honig war der hymettische aus Attika sowie der sicilische vom blumenreichen Hybla, aber auch die Bienen von der karischen Küsteninsel Kalydna fanden Anerkennung. Man genoß den Honig, gleichsam um den leeren Magen für die nachfolgenden hitzigeren Weine vorzubereiten, beim Vorgericht gemischt mit Wein oder Most und zwar im Verhältniß von $\frac{4}{5}$ Wein und $\frac{1}{5}$ Honig oder $\frac{10}{11}$ Most und $\frac{1}{11}$ Honig, also eine Art Meth. Aber auch mit Essig wurde der Honig, wie uns schon Cato in seinem Buch über das Landleben versichert, als Honigessig genossen.

Weist nun also einerseits der Honig auf das fröhliche Trinkgelage hin, von welchem wir weiter unten zu reden haben, so ist anderseits doch mit Sicherheit anzunehmen, daß die süßen Speisen, besonders Backwaaren ihn nicht entbehren konnten. Denn da der Zucker den Alten so gut wie unbekannt war, so mußte der Honig dessen Stelle beim Kochen und Backen vertreten. Welch ein weiter Weg von der dicken Brotsuppe zu Plautus' Zeiten bis zu den in Wein gekochten Gerichten, von dem groben Kleienbrot der alten Zeit bis zur leckeren Pastete, dem mit schmackhafter Fleischmischung gefüllten Backwerk! Der Konditor versuchte sein Heil im Uebergipsen des aus allerlei Früchten bestehenden Nachtisches, zu dem aber — ein richtiges Tuttifrutti — allerlei Knupper- und Naschwerk aus Nüssen und Datteln u. dgl. m. hinzukam.

Kuchen und Backwerk gab es dabei in großer Menge und in den mannigfaltigsten Formen. Die Tafelgeschenke wurden in Gestalt kleiner Teigschweinchen den Gästen zum Mitnehmen überreicht, unserem Baumkuchen und Konfekt recht wohl vergleichbar. Doch erinnerte der Teig wohl eher an Pumpernickel, wenigstens war es ein sehr hartes Gebäck, das auch weit in die Welt hinaus versandt wurde[18]). Aber auch eine Art Pfannkuchen kannten die Römer in Gestalt eines dünnen Oelkuchens, etwa Oelplinse, von Aermeren mehr zur Speise gewählt, indes auch für Kranke von Aerzten empfohlen. Sehr beliebt aber war der Brotkuchen, ein Backwerk aus Mehl, Wein,

Milch, Oel, Fett und Pfeffer. Endlich sei auch noch der Spritz-, Sträußel- und Topfkuchen sowie der Brezeln gebührend gedacht[19]).

Doch das Materielle erstickte nicht ganz das Bedürfniß nach Tafelfreuden, bei welchen Ohr und Auge das Ihrige erhielten. Denn vielfach wird uns berichtet, daß es bei den Mahlzeiten nicht an Tafelmusik gefehlt habe, ja daß es wohl bald zuviel des Ohrenschmauses wurde. Wohl aus Alexandrien war die weichliche Musik nach Rom gekommen, welche sich zur älteren griechischen verhielt, wie die moderne italienische und zum Theil französische zu der klassischen Musik des 18. Jahrhunderts. Bald würdigten die Römer diese Kunst zum Werkzeuge des Sinnengenusses herab, verstanden es dabei freilich vortrefflich, dieselbe zur Verschönerung der Existenz zu verwenden. Aus den Hunderten und Tausenden von Sklaven bildete man ohne große Schwierigkeit eine Kapelle, wie z. B. der reiche Freigelassene des Sulla, Chrysogonus, in echter Emporkömmlingsweise die ganze Umgegend seines Hauses Tag und Nacht von dem Schall der Gesänge und des Flötenspieles erfüllen ließ. Bei der Tafel aber, wo man mit allen Sinnen zugleich genießen wollte, durfte Musik vor allem nicht fehlen, welche doch den Gästen nicht selten zur Qual gereichte. Bei üppigen Festen sangen große Chöre zu den Kastagnettentänzen schöner Andalusierinnen, und bei heiteren Mahlzeiten eines gelehrten Kreises trugen griechische Sänger und Sängerinnen Lieder von Sappho und Anakreon zur Zither vor; aber der jüngere Plinius läßt seinem zum einfachen Mahle eingeladenen Gaste die Wahl zwischen einer Vorlesung, einer Lustspielscene und Lautenspiel, während der Dichter Martial, im dritten Stockwerke zur Miethe wohnend, einem Freunde verspricht, derselbe solle nur Flötentöne auf bescheidener Rohrpfeife zum Ohrenschmaus erhalten. Beim Trimalchio nun gar läßt Petronius die ganze Bedienung der Tafel und der Gäste unter Gesang und Musik stattfinden, selbst das Auftragen und Herumbieten der

Speisen, das Abfegen und Abwischen der Tische u. s. w., sodaß man glauben konnte, eher in einem Theater als in einem Gasthause zu sein[20]).

Das führt uns schließlich auf die Bedienung in der Küche und beim Mahl.

In alter Zeit genügte auf dem Lande die Wirthschaftsverwalterin und die Mägde, in der Stadt miethete man, wie bereits erwähnt, bei festlichen Gelegenheiten einen Koch. Als später ein eigener Koch unentbehrlich geworden war und theurer als der Hofmeier bezahlt werden mußte, wurde ihm ein ganzes Hilfspersonal unter geordnet: die Knechte, welche das Holz herbeitrugen, die Schaar der Kuchenbäcker und Küchengehilfen, denen er nunmehr ebenso als Dirigent und Oberkoch vorstand, wie die Einkäufe der verschiedenen Materialien seine Befehle zu erfüllen hatten. Noch viel größer war der Luxus, den man bei der Tischbedienung entfaltete; es würde zu weit führen, wollten wir ausführlich auch die hier fungirenden Sklaven besprechen, eine kurze Aufzählung muß genügen. Als Chef trat der Tafelvorsteher auf, der das ganze Arrangement und auch die Beleuchtung besorgte. Unter ihm standen die eigentlichen Tafeldiener, deren es mehrere Dutzend geben konnte; der Zerleger, welcher die Speisen anrichtete, auftrug und vorschnitt, insofern diese Dienste nicht auch wieder getheilt wurden zwischen dem Truchseß und dem Vorschneider; dann die aufwartenden Diener, denen das Eingießen, Weinmischen und -Kühlen u. s. w. oblag, alles schöne, jugendliche Gestalten, gleich an Kleidung und Haartracht, endlich die Vorschmecker und die Tafelabräumer.

Aber einer Gattung Menschen müssen wir hier unbedingt noch Erwähnung thun, nämlich der Schmarotzer und Hofnarren. Die griechische Sitte der Parasiten oder Schmarotzer fand bei den Römern überall ihre Rechnung und zwar um so mehr, als die römische Vorliebe für burlesken Witz und Scherz ihnen entgegenkam. Bald gehörten sie als unumgängliches

Zwischengericht zu jedem Gastmahl. Man muß dabei aber einen großen Unterschied machen zwischen den gewöhnlichen Schmarotzern, welche für ein gutes Gericht und eine leckere Bewirthung sich zur Zielscheibe des ausgelassensten Spottes machen oder sich die schmachvollste Behandlung vom Wirth und seinen Gästen gefallen und zu jeder Dienstleistung benutzen ließen, und den Witzbolden oder Hofnarren, deren treffende Bemerkungen und artige Bonmots selbst aufbewahrt zu werden pflegten. Eine wunderbare Abart dieser Leute waren die s. g. Tugendschwätzer, philosophische Schwätzer, voller Aufschneidereien und Schwänke, welche ein Gewerbe daraus machten, bei den Gastmählern der Reichen von ihren Tugenden und Thaten hochtönende Beschreibungen zu machen, denen ihr Leben völlig widersprach [21]).

Wir kommen nun zum zweiten und letzten Theile unserer Abhandlung, nämlich zu den

Getränken.

Zu derselben Zeit, als die zahlreichen ausländischen Delikatessen, von denen wir oben gesprochen haben, in Rom anfingen geschätzt zu werden, da kam mit den pontischen Sardellen auch der feurige griechische Wein. Catos Rezept, dem gewöhnlichen italischen Landwein mittelst Salzlake den Geschmack des koischen zu geben, wird den römischen Weinhändlern schwerlich Abbruch gethan haben. Kato selbst trank freilich keinen andern Wein als seine Knechte; auch konnte er sich rühmen, als er von Spanien zum Triumph zurückkehrte, unterwegs denselben Wein mit den Matrosen genossen zu haben. Seine Zeitgenossen aber wußten neben den feineren italischen Sorten den überseeischen vor allen den griechischen Wein sehr zu schätzen; jedoch blieb, als auch die besseren unteritalischen Sorten in Rom Eingang gefunden hatten, der Verkaufspreis des griechischen Weines der Kontrolle der Censoren und Aedilen, also der Polizei unterworfen. Darum setzte man seinen Gästen auch nur einen einzelnen Trunk von solchem ausländischen Wein vor, gerade wie bei uns nach der Suppe ein magenstärkender Südwein gereicht zu werden pflegt.

Erst der auch hierin übertreibende Luxus brachte andere Verhältnisse zu Tage, wie denn Lukullus mehr als 100 000 Faß unter das Volk vertheilte, der Redner Hortensius aber 10 000 Faß griechischen Weines seinen Erben hinterließ. Auch Cäsar gab bei einem Triumphschmause den Falerner- und Chierwein den einzelnen Tischgesellschaften faßweise; edlere Weine aber, als diese und höchstens noch den Cäkuber, kannte man nicht[22]).

Wir sahen schon, wie das alte ehrbare Singen und Sagen der Gäste und ihrer Knaben durch die asiatischen Harfenistinnen verdrängt wurde. Bis dahin hatte man in Rom wohl bei der Mahlzeit tapfer getrunken, aber eigentliche Trinkgelage nicht gekannt; jetzt kam das förmliche Kneipen in Schwung, wobei der Wein wenig oder gar nicht gemischt und aus großen Bechern getrunken ward und das Vortrinken, geradezu **Griechischtrinken** genannt, mit obligater Nachfolge regierte.

In Unteritalien bestand der Weinbau schon vor der Kolonisation der Griechen, gleichwohl war der Wein in Rom seit den ältesten Zeiten zuerst als Luxusartikel in beschränktem Gebrauch, und selbst als Campanien in römischen Besitz kam, war der dortige Wein doch noch ganz des Ruhmes bar, den er später erlangt hat. Weder Plautus noch Kato kennen den Falerner, sondern der erstere rühmt den Wein von Leukas, Lesbos, Thasos, Kos und Chios, der letztere macht griechischen Wein und namentlich koischen nach einem Recept aus einheimischen Sorten[23]).

Auch die Aerzte bedienen sich zu ihren Kuren in dieser Zeit nur griechischer Weine[24]); am schlagendsten aber beweisen den Gebrauch überseeischer Weine die 23 rhodischen Weinkrüge welche man in Präneste, dem heutigen Palestrina, gefunden hat[25]). In dem berühmten Weinjahre des Konsuls Opimius 121 v. Chr. (= 633 d. St.), waren die überseeischen Weine noch fast allein in Geltung, und erst spätere Zeiten würdigten die einheimischen Sorten dieses Jahrgangs[56]). Da änderten sich die Verhältnisse total um, denn als es gelungen war, durch große Aufmerksamkeit und Sorgfalt beim Weinbau eine Anzahl italischer, namentlich kampanischer Sorten zu den ersten Weinen des Erdkreises zu machen[27]), da eröffnete sich diesen Weinen im ganzen römischen Reiche, wozu ja Griechenland auch gehörte, ein ergiebiger Absatz, der bis nach Indien fortgeführt wurde.

In Latium war freilich der Weinbau stets unbedeutend, um so blühender aber in Unteritalien: erst als die Römer diesen unteritalischen und den überseeischen griechischen Wein kennen gelernt hatten, vervollkommneten sie die Weinkultur sowohl durch fremde Reben als auch durch bessere Behandlung; noch heutzutage wächst am Vesuv unter den drei Sorten neben dem berühmten Lacrimae Christi der Griechenwein (vino Greco). Da nun die Handelsbeziehungen, welche der Verkauf unteritalischen Weines nach Rom hervorrief, jedenfalls in ihrer Art auch Kultureinflüsse seitens der griechischen Kolonien mit sich brachten, so wollen wir, ehe wir die griechischen Weine hier aufzählen, eine kurze Uebersicht der ersteren geben, soweit sie aus griechischen Kolonien stammten.

Unter den lukanischen Weinen hatten einen besonderen Ruf die Weine von Buxentum und Thurii; unter den bruttischen: Rhegium; sonst noch in Unteritalien: Tarent sowie das dabeiliegende Aulon. Unter den sicilischen endlich: Tauromenium und Syrakus[28]).

Die gangbarsten überseeischen Weine stammten, in geographischer Ordnung aufgestellt, zunächst von der Insel Issa (jetzt Lissa) an der dalmatischen Küste, von Korkyra (jetzt Korfu), Leukas (Santa Maura), Zakynthos (Zante), Ambrakia (Arta) in Korinthiergebiet. In der Peloponnes die Weine von Sikyon, Phlius und Korinth (die Weine von Sparta,

Arkadien, Argos und Achaja waren zu römischer Zeit unbedeutender); aus Attika kam nur ein künstlicher Wein, der Goldattiker, aus Euboia der oretische und karystische Wein. Es folgen die Sorten von Skiathus und Peparethus, die chalkidischen von Mende und Akanthos, die thrakischen von Maronea, eine Sorte, welche von Homers Zeiten an bis auf Plinius ihren Ruhm behauptete; ferner der Wein von Bibline und von den Inseln Thasos (jetzt Tas[s]o) und Lemnos (jetzt Stalimene). Die edelsten aller griechischen Weine aber waren die von Lesbos (jetzt Metellino oder Midilly) wovon es 3 Sorten gab, nämlich von Mitylene, Eressos und Methymne, sowie die von Chios, namentlich diejenigen, welche ohne Zusatz von Seewasser zur Versendung kamen, wie der Aruisier. Sonst werden von Inselweinen noch anerkannt die von Ikaros, Mykonos, Kos, Thera und Kreta[29]).

Da der älteste Verkehr der Römer mit Kleinasien jedenfalls ausschließlich durch griechische Vermittelung ging, so sind wir berechtigt, die bedeutendsten kleinasiatischen Weine ebenfalls hier kurz aufzuführen. Besonders berühmt waren: der mysische Wein von Lampsakos, der hippodamanteische von Kyzikos, der Perperiner und Tibener aus der Gegend von Pergamon, der ägeatische von Myrine, dann der überall bekannte bithynische von Nikomedia, die Lydierweine von Smyrna, Klazomenai, Ephesos, Magnesia, Milet und vom Berge Tmolos, der Phrygier-, Karier-, Lykier-, Kilikier- und Kyprerwein u. s. w.

Von den syrischen, phönikischen, arabischen und alexandrinischen Weinen dürfen wir hier füglich absehen; alle genannten Weine unterschieden sich aber nicht nur durch ihre Herkunft, sondern auch durch die Methode der Bereitung und Veredelung. Je nachdem dem Moste Gips, Thon, Kalk, Marmor oder Harz und Pech oder endlich, besonders in Kleinasien und Griechenland,

Seewasser zugesetzt wurde, entwickelte sich der Wein in besonderer Weise.

Von großer Wichtigkeit für uns ist das pompejanische Wandgemälde aus dem Innern einer Weinschenke[30]). Auf einem Leiterwagen, dessen Obergestell viel Aehnlichkeit mit dem einer Kibitke hat, ruht der gewaltige Weinschlauch. Sein Hals, durch welchen der Wein eingefüllt worden ist, ist fest zusammengeschnürt, während zwei junge Leute am hinteren Ende des Wagens beschäftigt sind, den Wein vermittelst der aus dem Beine des Felles gebildeten Röhre in Weinkrüge abzuzapfen. Die Hantierung der Männer, sowie die halbabgeschirrten Pferde sind so glücklich aufgefaßt, daß dieses Genrebild nebenbei auch vollkommen geeignet ist, uns eine altrömische Marktscene zu vergegenwärtigen.

Daß man also in Italien Schläuche nach griechischem und orientalischem Muster brauchte, ist bewiesen, aber die Art der Verwendung ist eine verschiedene. Denn während Griechen und Orientalen den Most in Schläuche brachten, in welchen der Wassergehalt verdunstete, der Weingehalt sich aber concentrirte, haben die Römer Schläuche doch wohl nur zum vorübergehenden Transport angewandt, nicht aber zur Aufbewahrung. Anderseits aber haben die Römer höchst wahrscheinlich von den Griechen gelernt, das Reifwerden ihrer Weine durch Wärme zu beschleunigen, wie ja auch heute noch die meisten südlichen Weine erst in höherem Alter ihre volle Reife erlangen. Man setzte den jungen Wein entweder der Sonne aus oder stellte ihn in Rauchkammern auf, ehe er in den Kellern gelagert wurde[31]).

In Arkadien und im Orient räucherte man den Wein in Schläuchen, wie Aristoteles und wohl auch der Psalmist beweisen; der griechische Arzt Galen, 131 n. Chr. geb., beschreibt uns die Einrichtung der Rauchkammern[32]), in welchen der Wein in Krügen stand, und fügt hinzu, daß auch der Wein von

Neapel, namentlich der triphyllinische, und viele andere italische Weine geräuchert würden.

Neben diesen natürlichen Weinen kannte man auch im Alterthume schon eine ganze Anzahl von künstlichen, unter welchen wir die reinen Weinfabrikate, die Honigweine, die gewürzten Weine und die Obstweine unterscheiden.

So wurde der Most bis auf zwei Drittel eingekocht; besonders berühmt war der mäonische Kochmost. Honiggetränke machte man aus Süß- und Salzwasser mit Honig, aber auch Obst setzte man dem Honig zu und gewann auf diese Weise ein neues Getränk. Sehr wichtig waren aber die gewürzten Weine, welche in mehr als 50 Sorten genannt werden; sie vertraten die Stelle unserer Liqueure und wurden von Kräutern, Blumen oder wohlriechenden Holzarten entweder einfach abgezogen oder mit Oelen angemacht, ja wohl auch nach complicirteren Recepten verfertigt.

Zu den einfachen Abzügen gehörten der Psopwein, der Wermuthwein, der Thymianwein, der Poleiwein, der Stabwurzwein, der Fenchelwein, der Meerzwiebelwein, der Quendelwein, der Nardenwein und der Myrtenwein sowie die mit Zimmtöl, Pfeffer u. dgl. m. angemachten Weine.

Von Obstweinen endlich waren die gewöhnlichsten Aepfel-, Granatäpfel-, Birnen-, Dattel-, Feigen- und Maulbeerweine, den Johannisbrotwein nicht zu vergessen.

Auch ein bierähnliches Fabrikat kannte das römische Alterthum; es scheint dieses Bier aber nur in gewissen Provinzen und nicht in Italien genossen worden zu sein. Dieser Gerstentrank (zythum) war schon sehr früh bei den Aegyptern im Gebrauch; auch in dem erst seit der macedonisch-griechischen Zeit bestehenden und von sehr gemischter Bevölkerung bewohnten Alexandrien genoß die Menge zu Strabos Zeit (also in der zweiten Hälfte des letzten Jahrhunderts vor Chr.) meist jenes altägyptische Getränk. Von den römischen Provinzen war Spanien ein besonderes Bierland, woselbst man das Gerstenprodukt durch Alter wohl gar zu veredeln verstand, für jene Gegenden wegen des warmen Klimas doppelt schwierig.

Das berühmte Edikt Diokletians über die Maximalpreise aller Waaren vom Ende d. J. 301 n. Chr. unterscheidet zwischen zwei Bierarten (zythum und cerevisia) und setzt vom ersten den Sextarius (etwa $\frac{1}{2}$ Quart) zu 2, vom zweiten zu 4 Denaren (1 Denar ungefähr = 65 bis 70 Pfennig) an. Merkwürdiger Weise stellte sich in jenen Zeiten dasselbe Preisverhältniß zwischen Wein und Bier heraus, wie wir es heutzutage im Durchschnitt vorfinden, denn der Sextarius vom Landwein war durch das genannte Edikt auf 8 Denare, von den feineren Sorten auf 24—30 Denare festgesetzt worden. Das obige Verhältniß der beiden genannten Biersorten können wir auch derart vergleichen, daß das keltische Bier sich zum gewöhnlichen Gerstentranke verhielt wie unser sogenanntes bayrisches, schweres Bier zum einheimischen, leichtern[33]).

Wir haben oben schon gesehen, daß die Römer ihren Wein nicht in Schläuchen lagern ließen; er blieb aber auch nicht, wie dies in Gallien geschah, in hölzernen Fässern, sondern in thönernen Stückfässern, welche so groß waren, daß ein Mann bequem darin Platz hatte. Aus diesen Stückfässern füllte man den Wein zum Zweck des Verbrauchs und Verkaufs in die eigentlichen Weinkrüge; nur junger Wein wurde gleich aus dem Faß getrunken, auch die künstlichen Weine wurden in Krügen aufbewahrt, wie uns dies ausdrücklich überliefert ist[34]). Nachdem die Krüge mit Thonpfropfen verschlossen waren, wurden sie sowohl mit Pech oder Lehm als auch mit Gips verklebt; die letztere Manipulation war jedenfalls die sauberere. Die Etiquette wurde entweder auf die Amphora selbst geschrieben oder aber auf einem Zettel oder Täfelchen angebracht, dessen Name unverkennbar auf griechisches

Muster weist³⁵). Die pompejanischen Ausgrabungen haben verschiedene Weinkrüge zu Tage gebracht, auf welchen die verschiedenen Angaben — Sorte, Jahrgang, Maß des Kruges und wohl auch noch die Firma des Lieferanten — verzeichnet stehen.

Daß der Preis des Weines in der älteren Zeit in Griechenland sowohl als auch in Italien ein geringer gewesen sein muß, geht unter anderem aus der Thatsache hervor, daß man im Jahre 250 vor Chr. (504 d. St.) den Congius, also beinahe 3 Quart, für 1 As (damals ungefähr = 17,5 Pf.) kaufen konnte. Natürlich erzielten ältere Weine höhere Preise; waren sie zugleich edel, sogar recht beträchtliche. Zu Sokrates' Zeit kostete in Athen der Metretes Chierwein eine Mine³⁶), das Quart also etwa 1,66 Mark; wieviel theurer mußte dieser Wein nun in Rom sein, wo ja schon Falerner zu trinken für großen Luxus galt, um so mehr, als man bei den alten Weinen die Zinsen des Kapitals berechnete.

Im hohen Grade aber äußerte sich der Einfluß der Griechensitten auf die Zechgelage der Römer. Nannten diese doch die durch lebhaften Genuß feurigen Rebensaftes gesteigerte frohe Stimmung, die kleinen Extravaganzen derselben miteingeschlossen, mit einem griechischen Lehnworte, welches sie sich erst selbstständig aus dem griechischen Begriff des „Lustschwärmens" gebildet hatten³⁷). Während der eigentlichen Mahlzeit trank man im allgemeinen mäßig, häufig folgte aber derselben ein besonderes Trinkgelage nach, bei welchem das Abstumpfen des Geschmacks für die Feinheit der Speisen nicht mehr zu befürchten war. Mit bekränztem Haupt und Unterkörper lagerten sich die Trinkgenossen nach dem Abtragen der Speisen um den Tisch; ein König des Gelages ward durch Würfelwurf — der sog. Venuswurf, der beste, entschied — gewählt, dem genau die Funktionen des griechischen Vorbildes zuerkannt wurden; trank man nun noch dazu nach „griechischer Sitte", so entsprach das ganze Gelage völlig dem Symposion der Griechen. Sie begannen erst spät am Tage und wurden darum häufig tief in die Nacht hinein gehalten, wobei es dann oft sehr laut, ja geradezu wild und höchst ausgelassen zugehen mochte. Kein Wunder daher, daß diese Gelage nach griechischem Muster in Rom nicht im besten Rufe standen, daß man damit schließlich den Begriff aller Unordnung und Ausschweifung verband.

Der Grammatiker und Sophist Athenaios berichtet[37]) über die frühe griechische Sitte, Kränze beim Trinkgelage zu verwenden, welche man an Stelle der Binden um den Kopf, jedenfalls gegen die Wirkungen des Weines, getragen habe. Es ist aber nicht gut möglich, auch nur die Epoche angeben zu wollen, wann dieser Gebrauch in Rom aufgekommen sei; aber Plinius belehrt uns in den ersten 4 Kapiteln des 21. Buches seiner Encyklopädie, daß schon zur Zeit des zweiten punischen Krieges Kränze selbst aus Rosen getragen wurden, wenn auch nur die vertrauten Wände des Trikliniums Zeugen dieses unschuldigen, aber mit dem Ernste des Mannes, wie man meinte, nicht verträglichen Schmuckes waren, und es nicht nur tadelnswerth, sondern in hohem Grade strafwürdig erschien, wenn man sich damit auch nur zufällig öffentlich zeigte. Um zu jeder Jahreszeit den nöthigen Blumenflor zu haben, ahmte man die natürlichen Blumen aus künstlichen Stoffen nach, besonders wenn der Winter und selbst das Treibhaus trotz des großartigen Aufwandes die vorzeitige Blüthe verweigerte. Aber der Luxus blieb nicht bei diesen, aus dünnen, buntgefärbten Hornblättchen verfertigten Blumen stehen, sondern man verfertigte mit großem Prunk kostbare Kränze. An solchen Kränzen, wo Blatt über Blatt lag, oder Rose an Rose saß, wie man sie häufig auch an Denkmälern fand, mögen die Blätter oder Rosen wohl auf ein Band oder einen Streifen Bast geheftet gewesen sein. Es entsprach wohl auch dem griechischen Vorbilde, die Kränze erst beim Nachtisch zu vertheilen; gleichzeitig wurden Salben verabreicht, wie denn auch der Dichter Horaz von Rosenkränzen und Nardensalbe schwärmt [38]); ferner ist bei demselben Dichter die Rede von Eppich- und Myrten-, sowie von Eppich- und Epheukränzen u. a. m.

Wir erwähnten bereits flüchtig das „Trinken nach griechischer Sitte". Die Spartaner allein ausgenommen, tranken die Griechen den Becher einem anderen zu, wodurch sie ihn aufforderten, denselben zu leeren; dabei wurde der Name dessen genannt, dem man den Becher gab. Natürlich mußte eine solche Sitte, oder vielmehr Unsitte, um so mehr die Unmäßigkeit befördern, als ohnehin schon häufig gegenseitige Aufforderungen zum fleißigen Trinken stattfanden, man überdies aber den Wein mit weniger Wasser vermischt genoß und zu diesem Behufe die kleineren Becher mit größeren Pokalen vertauschte. Horaz [40]) erzählt von dem Leeren des Bechers auf einen Zug, dem Heruntergießen des Weines nach thrakischer Sitte, wobei man, ohne die Lippen nur einmal zu schließen, sich den Wein in den Mund goß: eine barbarische Sitte, die aber unwillkürlich an mittelalterliche Zechgebräuche gemahnt, wo starke Recken auf ihren Burgen volle Riesenhumpen mit einem Zuge leerten, ja wohl gar den gewaltigen Reiterstiefel füllten und austranken.

Merkwürdiger Weise begann bei uns mit dem 16. Jahrhundert der Wein gegen früher mehr in den Hintergrund zu treten; die Zeiten von 1426, wo in Württemberg ein Eimer alten Weines 13 Kreuzer kostete, und von 1539, woher der Spruch stammt:

„Tausendfünfhundertdreißigundneun"

„Galten die Fässer mehr als der Wein",

waren vorüber, und die Weine, besonders dort, wo die eigentlichen Weingegenden ferner lagen, nicht so billig als das wieder in vortrefflicher Qualität vorkommende Bier. Freilich wurden auch zu uns ausländische Weine sehr stark importirt, besonders französische, doch auch italienische und spanische. Von den deutschen Weinen trank man am liebsten diejenigen aus Schwaben, Franken, Bayern, aus Württemberg und von den oberen Rheingegenden; östreichische und steirische Weine hatten einen weithin reichenden Ruf. Aber schon 1487 erschien eine Weinordnung, welche das Schwefeln der Weine, also ihre Fälschung verbot, Beweis dafür, daß das echte Getränk stark verbraucht wurde, sobaß man zu Hülfsmitteln seine Zuflucht zu nehmen genöthigt war.

Jedenfalls nahmen es die „antiken Zecher" mit Jedermann auf; witzig und euphemistisch drückt sich der Satiriker Petronius aus, wenn er ein solches Durchzechen mit „ich benetze den Mond" bezeichnet"[1]). Doch that's nicht jede Sorte, es mußte schon ein „guter" sein, dem man solche Anstrengung entgegenbrachte, deshalb spritzte man, wie bei unseren Weinproben, den Wein durch die Lippen, um seinen Geschmack vorher ordentlich zu prüfen.

Und ist es nicht bezeichnend und interessant, daß der Römer sogar seinen richtigen Rausch[42]) mit griechischem Namen bezeichnet hat? — von Chiragra und Podagra, dem garstigen Zipperlein in Arm und Bein, hier ganz zu schweigen.

Da es also stets auf starkes Trinken bei den Trinkgelagen abgesehen war, so mischte man, wie dies im ganzen Alterthum gewöhnlich war, den Wein zunächst noch mit Wasser, und zwar in der Regel mit warmem, was der Gesundheit zuträglicher erachtet und alten Leuten, sowie Kranken immer empfohlen wurde. Die Mischung ließ man sich sonst im eigenen Becher machen, indem man sich Wasser, warmes oder kaltes, nach Belieben eingießen ließ. Denn viele liebten das Gemisch auch kalt und tranken entweder Wein mit Eis oder kühlten das Getränk in kaltem Wasser, indem sie Wein und Wasser in einen Brunnen oder in ein Kühlgefäß setzen ließen, und zwar pflegte man nach einer Erfindung des Nero das Wasser, um es vollkommen rein zu haben, erst zu kochen, dann zu kühlen.

Beim Trinkgelage aber wurde die Mischung nicht in den einzelnen Bechern, sondern in einem Mischkruge gemacht, in den man zuerst den Wein eingoß und dann das Wasser hinzuthat. Der hierzu nöthige Apparat war ein dreifacher: der Mischkrug selbst, der Untersatz dazu und der darauf liegende siebartige Trichter, dessen man sich auch beim Abfüllen des Weines bediente, und durch den man den Wein nochmals goß, um ihn von dem Bodensatze zu reinigen, und ihn dadurch zugleich milder zu machen. Auf den Trichter konnte man auch das Eis legen, wenn man kalt trinken wollte, und den Wein darüber eingießen. Geschöpft und in die Becher gegossen wurde die Mischung mit einem Schöpflöffel, der ungefähr 4½ Centiliter enthielt. Das Charakteristische des Trinkgelages war nun, daß man eine bestimmte Anzahl Becher von je 4½ Centiliter Inhalt auf einmal austrank. Es ist nicht nöthig anzunehmen, daß die größeren Becher, welche man zu diesem Zwecke brauchte, und die möglicher Weise einen halben Liter enthalten mochten, etwa durch Kreise in 12 Theile getheilt waren, in der Art, wie der schon genannte Galen dies bei einem Oelhorn erwähnt[43]), denn man hatte ja das Maß an dem Schöpflöffel, mit welchem man einschenkte; wohl aber trank man wirklich eine bestimmte Anzahl Becher. Es kommt namentlich vor, daß 1—11 solcher Becher auf einmal geleert wurden, und zwar trank man mit diesen Maßen entweder einem Anderen zu, dem man den Humpen hinreichte, worauf jener ihn dann ganz leeren mußte, oder man brachte einen Trinkspruch oder eine Gesundheit aus, bei welcher soviel Becher erfordert wurden, als der Name der gefeierten Person Buchstaben enthielt; hauptsächlich kam es immer darauf an, in einem Zuge und ohne abzusetzen den Becher so zu leeren, daß kein Tropfen zurück blieb. Beim Ausbringen der Gesundheit waren Formeln gebräuchlich wie:

„Dein Wohl!" — „Du sollst leben!" —
welche auch auf griechisch vorkamen [44]); auch gab es wohl noch manchen anderen Spruch, den wir noch auf Trinkbechern selbst erhalten sehen. —

Hieß nun auch dieses Verhalten beim römischen Trinkgelage „griechische Sitte", so war es doch sehr verschieden von den allerdings auch sinnlichen und oft ausgelassenen Freuden des griechischen Mahles; es fehlen vor allem in Rom die geistigen Genüsse, welche die griechische Geselligkeit während der Blüthezeit auszeichneten. Seit dem Jahre 187 (567 d. St.) war der asiatische Luxus durch das Heer des Cn. Manlius nach Italien verpflanzt worden [45]); immer mehr nahmen Völlerei und Genußsucht überhand, welche alle Freude an geistiger Anregung ertödteten. In Griechenland war das Gelage lediglich ein Vergnügen der Männer gewesen, dem nur Hetären beiwohnen durften; in Rom aber, wo die Schwelgerei das ganze Haus ergriffen hatte, waren Frau und Kinder bei den Gelagen gegenwärtig und hörten und sahen, worüber sie hätten erröthen sollen [46]). Die Excesse, welche bei solchen Mahlzeiten vorkamen, gipfelten schließlich in Schlägereien, bei welchen man sich die Köpfe einschlug und auch wohl Finger und Nasen abbiß; die Kinder sahen ihre Väter in dem Zustande sinnloser Trunkenheit, von den Sklaven aber wird uns berichtet, daß sie lachend zugeschaut und die Kämpfenden unterstützt hätten. Was war aus der Würde des Hausherrn, was aus der stolzen Strenge der Hausfrau geworden? Die Zucht der Kinder und Sklaven war verloren, und das Leben der Familie hatte jeden sittlichen Halt eingebüßt. Das waren schlimme Folgen, aber nur zum Theil griechischen Einflusses, denn für die ganze Entsittlichung Roms darf Hellas nicht verantwortlich gemacht werden.

Wir würden unsere Betrachtungen über Küche und Keller in Alt-Rom hier abschließen können, wenn wir nicht noch ein Gebiet zu erledigen hätten, welches eng dazu gehört, nämlich die Gesellschaftsspiele.

Wohl waren die römischen Gelage in vieler Beziehung den griechischen ähnlich; hinsichtlich der Unterhaltung aber bei Tische verhielten sich die Römer passiver und ergötzten sich lieber an den Vorstellungen von Musikern, Tänzern, Schauspielern, Gauklern und Gladiatoren, als daß sie sich den Nachtisch wie überhaupt die Muße des Lebens durch heitere Gesellschaftsspiele und angenehme Gespräche erheiterten.

Für den alten Römer galt der Satz des Seneca:

„Dem Thatkräftigen ist Muße eine Strafe",

ein Satz, den schon der Dichter Pakuvius zum Ausdruck brachte:

„Ich hasse die Leute mit träger That und spekulativem Kopfe."

Am bezeichnendsten ist es aber wohl, wenn Cicero geradezu von „griechischer Muße" spricht[47]).

Wie wenig die Römer ihre Muße auszunutzen verstanden, zeigt auch eine Aeußerung des Ennius:

„In mußevoller Muße weiß der Geist nicht, was er will."

So möchte man denn geneigt sein, den Römern Talent für heiteren Lebensgenuß und volksmäßige Lebensfreude ebenso abzusprechen, wie die Fähigkeit, ihre Mußezeit wissenschaftlich auszubeuten, wenn nicht wenigstens eine allgemeine sichere Ueberlieferung von alter Festfreude an Tanz, Gesang und Spiel vorhanden gewesen wäre. In erhöhter Stimmung aber gewannen unter den geselligen Spielen die bie Leidenschaften reizenden Glück- und Brettspiele besondere Bedeutung. Allmählich nahm z. B. das Würfelspiel geradezu solche Verhältnisse an, daß die Gesetzgebung es nöthig fand, dagegen energisch einzuschreiten.

So war denn auch für Rom die Zeit gekommen, wo der alte Ernst in dem Grabe schwand, daß man nicht nur in müßigen Stunden eine angenehme Unterhaltung suchte, sondern auch der betrüglichen Hoffnung auf Gewinn mit derselben Leidenschaftlichkeit sich überließ, als es nur irgend an den grünen Tischen in unseren Spielhöllen geschehen ist und ja leider noch geschieht. Das Hazardspiel war, wenn auch als etwas des ernsten und verständigen Mannes Unwürdiges angesehen, nichtsdestoweniger in Rom zur verderblichsten Sucht geworden, und alle Strenge wiederholter gesetzlicher Bestimmungen konnte, wie natürlich, nicht verhindern, daß im Geheimen das verführerische Würfelspiel vieler Glück und Vermögen zu Grunde richtete.

Außer diesem verwerflichsten und zugleich beliebtesten Spiele gab es aber noch viele andere, unschuldigere, bei denen der Erfolg ganz oder theilweise von der Geschicklichkeit der Spielenden abhing, wie bei dem modernen Schach und anderen Brettspielen.

Schon in Assyrien und Aegypten[48]) war das harmlose Würfelspiel sehr beliebt gewesen; Griechenland folgte nach und gab Rom eine ganze Anzahl von Neuerungen auch auf diesem Gebiete ab. Schon der Lustspieldichter Terenz erwähnt die viereckige Holzplatte zum Spielen[49]); es waren nicht, wie bei uns 6, sondern nur 4 Flächen mit Ziffern bedeckt. Gewöhnlich gebrauchte man 2 oder 3 solcher Würfel zum Spiel, diese wurden aber, um Betrug zu vermeiden, in einen Becher von Horn, Buchsbaum, Elfenbein u. dgl. mehr geschüttet.

Von Brettspielen erwähnen wir hier nur noch zwei, das Soldaten- oder Belagerungsspiel und das Zwölflinienspiel, letzteres halb wieder ein Glückspiel, unserem Puffspiel etwa entsprechend. Zu beiden Spielen brauchte man kleine

Figuren aus Glas, Edelstein, Elfenbein oder Wachs, deren jede Partei verschiedenfarbige hatte, nämlich die eine weiße, die andere schwarze. Beim Belagerungsspiel unterschied man Bauern und Offiziere[50]); die Figuren bewegten sich theils in gerader Richtung, theils springend. Der Spieler hatte darauf auszugehen, die feindlichen Figuren entweder zu schlagen, weshalb jede Figur einer Deckung bedurfte, oder sie festzusetzen; zuletzt wurde der Sieger König und hatte um so mehr Ruhm, je weniger Steine er verloren hatte, während der Besiegte zuletzt matt wurde, so daß er nicht mehr ziehen konnte.

Beim Zwölflinienspiel war die Tafel mit 12 Linien bezeichnet, auf welchen die Steine gerückt wurden; durch geschicktes Spiel konnte jemand den Nachtheil des Wurfes einigermaßen ausgleichen. Auf derselben Theorie beruhte das griechische Fünflinienspiel, bei welchem die Tafel 5 Linien hatte, die wahrscheinlich durch eine sechste Linie, die heilige Linie, in der Mitte durchschnitten wurden; hierbei spielte man mit 5 Steinen. Auf einem ägyptischen Papyrus im Britischen Museum[51]) spielen Löwe und Hase dieses Brettspiel. Jeder sitzt auf einem Stuhl, zwischen ihnen steht ein Tisch mit einem Spielbrett. Jeder hat 5 hohe Figuren; der Löwe, welcher gewonnen hat, hebt mit der rechten Tatze eine Figur und mit der linken einen Beutel Geld in die Höhe, offenbar den Einsatz des Spieles.

Auch das griechische „Gerade oder Ungerade" hatte sich bei den Römern unter einheimischem Namen (par impar) bald beliebt gemacht.

Schließlich gedenken wir hier noch des Kottabos. Dies war ein Gesellschaftsspiel, welches aus Sicilien nach Griechenland und Italien gekommen sein soll und darin bestand, daß man die Neige Weines im Becher, aus dem man getrunken, tropfenweise oder mit einem Wurfe in ein metallenes Gefäß schwenkte und dabei an einen geliebten Gegenstand dachte, auch dessen Namen aussprach. Aus dem Klange schloß der Liebende auf die Zuneigung des geliebten Gegenstandes, wobei es besonders darauf ankam, die Neige Weines so geschickt zu schleudern, daß kein Tropfen vorbeifiel, sondern das Ganze, in das Becken fallend, einen reinen und vollen Ton gab. Bildlich und scherzhaft spricht schon der Lustspieldichter Plautus[53]) von diesem klatschenden Schlage:

„Daß es bei dir nur nicht mit dem Ochsenziemer klatsch! klatsch! gehe!"

Wir aber nehmen von unserm freundlichen Leser hiermit Abschied und wünschen ihm nach so viel, zum Theil anstrengenden Genüssen eine
gesegnete Mahlzeit!

Anmerkungen.

1) Macrob. saturn. 3, 13, 12. — Böttiger, kleine Schriften III, 217—226. —

2) 39, 6. —

3) Oleum aus ἔλαιον, comissari (κωμάζειν), obsonium (ὀψώνιον), massa (μᾶζα), placenta (πλακοῦντα, Acc. von πλακοῦς). Wegen der näheren Belege zu diesen und anderen Wörtern wolle man nachsehen in des Verfassers demnächst erscheinenden: „Tensaurus italograecus. Historisch-kritisches Wörterbuch sämmtlicher griechischer Lehn- und Fremdwörter im Lateinischen. Wien, C. Gerolds Sohn." —

4) Marquardt, Privatleben der Römer, S. 292 ff. —

5) 27, 67. —

6) Hor. sat. 2, 4, 30 sqq. — Iuv. 4, 140 sqq. — Plin. 32, 61 sqq. 18, 105. —

7) Plin. 9, 173. — Varro r. r. 3, 14. — Cels. 2, 29. —

8) Martial. 13, 82. —

9) R. r. 58. —

10) Erwähnenswerth dürfte sein, daß es im Coder des 9. Jahrhdts. ein Kaviarrezept giebt (Cod. 899 der St. Galler Bibl., s. Mitth. d. Antiqu. Ges. zu Zürich XII, H. 6). —

11) Melandrya aus μελάνδρυα, Plin. 9, 48. —

12) Plin. 10, 133 und 134. — Nemesian. fr. 2 de aucup. 21. — Horat. epod. 2, 54. — Mart. 2, 37, 3. 13, 61. — Edict. Diocl. 4, 30. —.

13) Plin. 10, 110. — Vgl. auch Löper, die Brieftaube. Straßburg 1879.

14) Das geist- und lichtvollste Buch, welches wir über diese höchst interessanten Kulturfragen besitzen, stammt aus der Feder von Viktor Hehn: Kulturpflanzen und Hausthiere in ihrem Uebergange aus Asien nach Griechenland und Italien sowie in das übrige Europa. —

15) Martial. 1, 21. —

16) δὶς κράμβη θάνατος, vgl. Iuven. 7, 154: occidit miseros crambe repetita magistros. —

17) Marqu., Privatl. b. R., S. 410 ff. —

18) Martial. 13, 68. —

19) Bei Kato: enchytus, spaerita, crneum (?) und spira. —

20) Senec. vit. beat. 11, 4. — Hor. a. p. 374. — Claudian. laud. Stilich. 2, 141. — Martial. 5, 78, 29. 9, 77, 5. — Iuven. 11, 162. — Gell. 19, 9, 3. — Plin. ep. 1, 15, 2. — Petron. sat. 31. 32. 33. 35. 36. 41. 47.

21) Suet. Aug. 74. —

22) Tibull. 2, 1, 27. —

23) Plaut. Poen. 3, 3, 86 u. Curc. 1, 1, 79. — Cato r. r. 24. 105. 112. —

24) Galen. 14. p. 28. —

25) Henzen, Bull. 1865, p. 72 ff. —

26) Cic. Brut. 83, 287. — Mart. 1, 26, 7. 2, 40, 5. 3, 82, 24 u. s. —

27) Colum. 3, 8. —

28) Marqu. Privatl. S. 433 ff. —

29) Die gewöhnlichsten Sorten des Koerweines und die übrigen Inselweine waren mit Seewasser versetzt (Plin. 14, 78). —

30) Panofka, Bilder antiken Lebens, Taf. XVI, No. 2. — Museo Borb. IV t. A u. V. t. 48. — Guhl und Koner, Leb. der Gr. u. R., S. 579. —

31) Plin. 14, 77. 85.

32) Arist. meteorol. 4, 10, 5. — Psalm 119, 83 nach Luther: „Denn ich bin wie eine Haut in Rauch, deiner Rechte vergesse ich nicht." Wörtlich: „wie ein Schlauch im Rauch." — Rosenmüller und Gesenius erklären die Stelle durch die mit Wein gefüllten Schläuche, während de Wette geltend macht, daß das ganze Gleichniß dann matt und nichtssagend sei: „ich bin so räucherig wie ꝛc." Man gewinne vielmehr erst den vollen Gedanken, wenn man an einen Schlauch denke, der vor dem Gebrauche am Feuer, resp. im Rauche getrocknet wäre, dann aber zusammengeschrumpft sei. — Galen. 11, 663. 14, 17 und 19. —

33) Der schwankende Werth des Denars in der späteren Kaiserzeit erschwert eine genaue Werthaufstellung und Vergleichung in unserer Münze, vgl. Mommsen zu Diocl. ed. S. 55 ff. —

34) Z. B. Colum. 12, 33. —

35) Tessera ober pittacium (τέσσαρα ober πιττάκιον), Petron. 34 u. ſ. w. —

36) Plutarch. anim. tranqu. 10. —

37) Comissatio von comissari, vgl. Anm. 3. —

38) 15. p. 674. B. —

39) Carm. 2, 11, 13 sqq. 4, 11, 1 sqq. —

30) Carm. 1, 36, 14. —

41) 34, 7. 73, 6. —

42) Crapula aus κραιπάλη. Leiber laſſen Ort und Raum eine Begründung dieſer mehrfach angezweifelten Entlehnung nicht zu; Verf. wird ſie an anderer Stelle geben. —

43) Vol. XIII, p. 616 K. — Hultſch., Metrologie S. 92. —

44) ζήσειας! χαῖρε! bene tibi ober te! vivas! —

45) Liv. 39, 6, 7. 8: tunc psaltriae sambucistriaeque et convivaria ludorum oblectamenta addita epulis. —

46) Philo de vita contempl. 6. — Sen. ep. 95, 20. — Iuven. 6, 425 sqq. — Cic. Verr. 1, 26, 66. — Lucian. conviv. 45 sqq. — Plut. quaest. conviv. 7, 8, 4. § 4. —

47) Sen. de prov. 2, 2. — Pacuv. ap. Gell. 3, 8. — Cic. or. 30, 108. — Ennius ap. Gell. 19, 10, 12. —

48) Gerhard, arch. Zeit. VII (1849), S. 68. — Wilkinson, manners and customs of the ancient Egyptians. II. p. 424. —

49) Adelph. 739: tessera, vgl. Anm. 35. —

50) Mandrae und latrones; die Hauptſtelle über dieſes Spiel findet ſich bei Saleius Bassus ad Pison. in Werneb. P. L. M. IV. 1. p. 267. v. 180 sqq. —

51) Pollux 9, 97. 98. — Papyrus, hgg. von Th. Wright, a history of caricature and grotesque. London, 1865. p. 8. —

52) Trinummus 1011.

Druck von Gebr. Unger (Th. Grimm) in Berlin, Schönebergerſtr. 17 a.